BIBLIOTHÈQUE

MORALE

—

Les Armées d'Orient

—

III

—

CAMBRAI. IMPRIMERIE DE SIMON

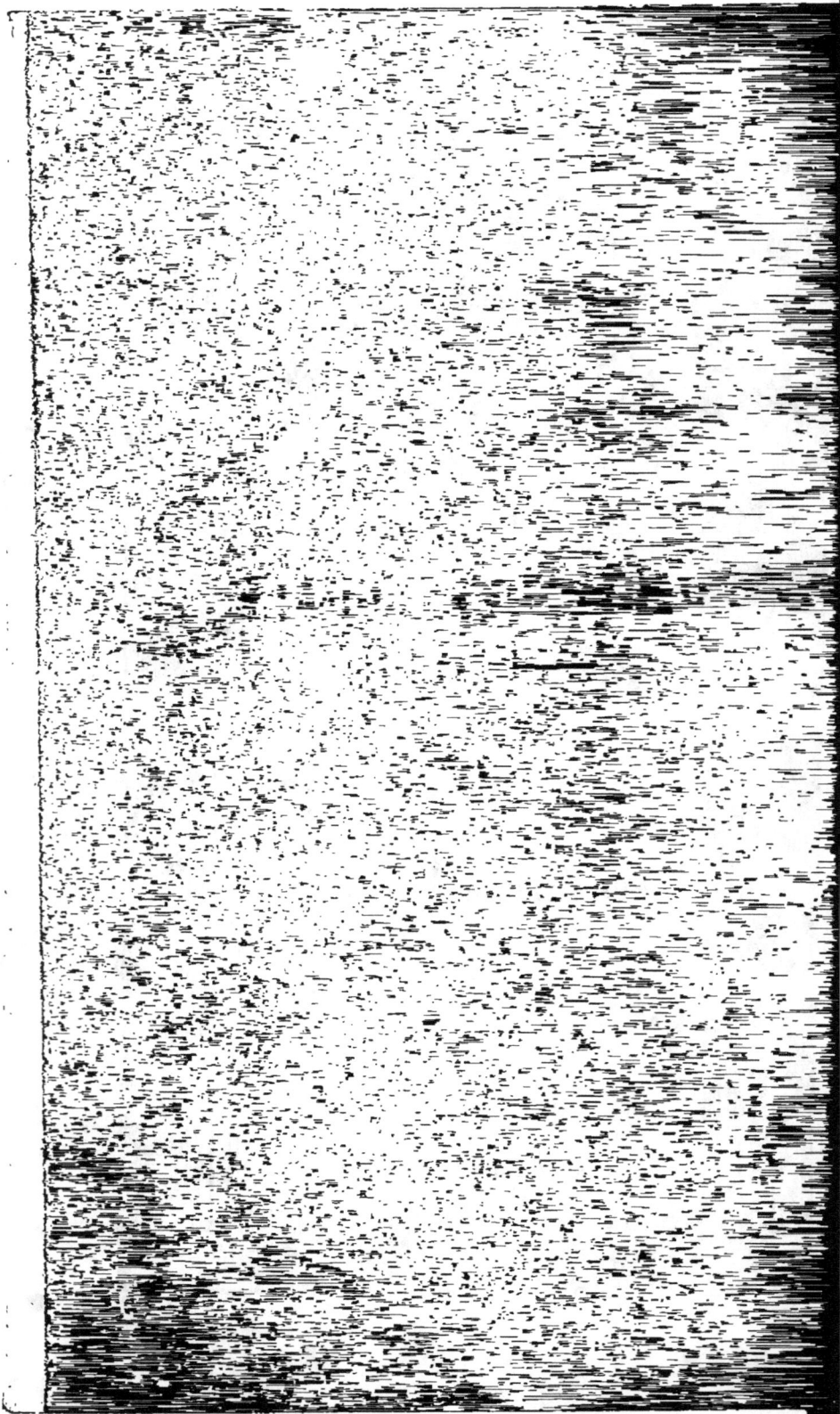

BIBLIOTHÈQUE MORALE.

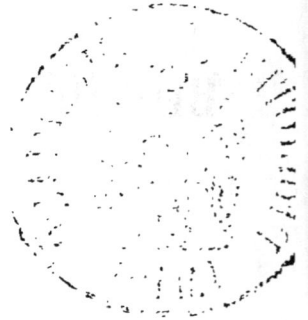

BIBLIOTHÈQUE

MORALE

EXTRAITE DES ANNALES DU BIEN

PUBLIÉES PAR

M. J. DELVINCOURT

—

LES ARMÉES D'ORIENT.

—

III

CAMBRAI

SIMON, Imprimeur-Éditeur.

—

1856

ARMÉES D'ORIENT.

J'ouvre ma chronique par un beau trait qu'on me racontait hier, et qui mérite bien une place d'honneur dans ces récits.

Parmi ces braves entre les braves, pour me servir de l'expression du général Pélissier, décorés à l'occasion des dernières affaires, se trouve un jeune sous-lieutenant qui s'était honoré quelques mois auparavant par un rare exemple de désintéressement.

Dans le courant de l'année 1852, ce jeune homme, distingué à tous égards,

quitte St-Cyr avec l'épaulette de sous-lieutenant dans un régiment d'infanterie de
ligne. Quelque temps auparavant, un de
ses meilleurs camarades de l'école avait été
nommé au même grade dans un autre régiment. Les deux amis se séparèrent, mais
sans s'oublier.

Trois années s'écoulèrent, et M. de ***
apprend, avec quelle satisfaction, on le de-
vine, qu'il est porté sur la liste d'avancement
pour la première promotion. Tranquille
pour lui-même, il s'informe de son camarade, plus ancien dans le service, et qu'il
ne jugeait pas moins méritant que lui-même.
Aussi éprouve-t-il une douloureuse surprise
de ne pas le savoir sur la liste en question;
même il s'indigne de cet oubli, qui lui paraît une injustice, et se promet d'ouvrir les
yeux de ses chefs.... La tâche était délicate;
mais l'excellent jeune homme, exalté par
un noble motif, met tant d'ardeur dans ses
démarches, sollicite avec une si généreuse

obstination, qu'il obtient que, sur la liste de proposition, le nom de son ami *soit sub-stitué au sien*.. L'ami passe donc lieutenant, tandis que M. de *** reste avec son unique épaulette. Mais sa satisfaction personnelle eût-elle valu la joie si pure qu'il a ressentie du bonheur de son ami, auquel, bien en-tendu, il n'a rien laissé soupçonner de son sacrifice ? Depuis l'affaire du 2 mai 1855, ce modèle des soldats et des amis a été décoré de la croix d'honneur. L'étoile des braves pouvait-elle briller sur une plus noble poi-trine ?

LE JEU DE CARTES.

Un bataillon du 50ᵉ de ligne se trouvait de garde aux tranchées dans le ravin de la Karabelwaia ; selon l'usage, la moitié veillait pendant que l'autre moitié se reposait. Bon nombre, au lieu de dormir, jouaient, qui au bouchon, qui aux boules avec des biscaïens et des boulets russes, d'autres aux cartes. Parmi ces derniers, un groupe de cinq s'était installé par terre assis en rond. Leur jeu, peu connu dans les salons mais beaucoup au bivouac, était la *bourre*. Au moment où celui qui donnait les cartes venait de déposer le reste du jeu sur une pierre au milieu du cercle, un boulet arrive en sifflant, tombe au milieu des joueurs, rebondit et va, en ricochant, se perdre dans le ravin. Tous

avaient poliment salué leur brutal inter-
rupteur ; mais, aussitôt passé, chacun de
se remettre sur son séant, et l'un des
joueurs de s'écrier, avec l'accent indicible
du désappointement : *C'est dégoûtant, c'é-
tait la première fois que j'avais beau jeu.*
Personne n'avait été touché, mais l'atout et le
reste du jeu avaient été emportés par le
boulet.

BEAU TRAIT D'UN LIEUTENANT.

Dans la nuit du 2 mai 1855, un jeune lieutenant du génie, M. Lullé-Dujardin, voit hésiter ses travailleurs, assaillis par une grêle de balles et d'obus, qui bouleversent la gabionnade en blessant et tuant plusieurs hommes.

— Allons, enfants, s'écrie le lieutenant, ce n'est rien; il n'y a pas de danger; voyez plutôt !

Et, sautant de l'autre côté des gabions, il y reste, pleinement exposé aux coups de l'ennemi, jusqu'au matin; il eut le bonheur de n'être pas touché. Inutile d'ajouter qu'exaltés par cet exemple, les soldats se remirent au travail. Pelles et pioches de manœuvrer, et le rempart fut élevé.

Nous avons eu le regret d'apprendre que M. Lullé-Dujardin avait été tué quelques jours après.

LE DINER DES CAMARADES.

Un soldat s'en allait porter le dîner aux camarades qui travaillaient à la tranchée ; c'était en plein jour, et il traversait la plaine sans cesse labourée par les boulets et les bombes russes ; néanmoins, il cheminait avec le plus grand calme, portant ses petits vases de fer-blanc entassés les uns sur les autres. Arrive une bombe qui éclate et jette sur le carreau l'homme et la soupe. Le pauvre soldat se relève sanglant et meurtri ; mais il paraît plus inquiet du sort de ses soupes que de sa propre personne. Il examine le dégât, et constate avec un air de satisfaction qu'il est le plus maltraité. Cependant un officier, qui, de loin, avait vu l'accident, était accouru.

— Dans quel état êtes-vous, mon pauvre garçon, dit-il ; allez vite à l'ambulance vous faire panser.

Mais le soldat de répondre avec le plus grand sang-froid :

— *Et les autres, là-bas, qui attendent la soupe.*

Il alla porter le dîner à ses camarades et revint ensuite à l'ambulance.

L'ENGAGÉ VOLONTAIRE.

Un jeune zouave, engagé volontaire, faisait, par son adresse et ses témérités gymnastiques, l'admiration de ses camarades et des officiers anglais et français, témoins parfois de ses prouesses.

— *Very well*, lui dit un jour un capitaine anglais, zouave, vous avez là, dans vos mains, une fortune; avec ce talent, on vous eût engagé dans quelque cirque pour y donner des représentations, et vous auriez gagné chaque soir dix et vingt fois plus que votre paie actuelle. Avec ce *prospect*, comment vous être fait soldat?

Le zouave toisa le questionneur d'un regard d'orgueil blessé, et répondit sèchement :

— Parce qu'ici, monsieur, ce que j'estime un peu davantage que la monnaie, je puis gagner la médaille ou la croix, ou même décrocher l'épaulette. C'est une chance qu'on ne court pas à l'autre métier, quoiqu'on ait fort celle de se rompre le cou. Or, s'il faut tourner de l'œil, j'aime mieux que ce soit par une balle ou par un boulet que par suite d'une culbute maladroite, en divertissant les pékins. D'autant que si la chose n'arrive pas trop tôt, j'espère bien mourir colonel ou général, ce qui vaut mieux que directeur d'une troupe de saltimbanques, y devînt-on millionnaire. Voilà.

Et, enfonçant les mains dans ses larges pantalons, il s'en alla. Mais depuis, pour rien au monde, il n'eût consenti à recommencer ses exercices devant un officier anglais.

LE PÈRE DE DAMAS.

Aujourd'hui encore, le père de Damas, ce bon aumônier qu'on aime pour son cœur et pour son esprit, et auquel nous avons dû beaucoup déjà, vient nous tenter par ses admirables et charmantes lettres, qui nous font passer tour à tour de la gaité d'une scène de bivouac aux émotions d'un récit pathétique. De toutes les correspondances qui nous arrivent de l'Orient, il n'en est point d'aussi sympathique que celle-ci, et qui, riche de tant de faits saisissants, nous les décrive avec plus de vivacité et de vérité. Il y a de l'artiste aussi chez le bon père, témoin quelques-unes de ses descriptions, et plus d'un peintre envierait les couleurs de sa palette.

Forcés de nous restreindre, nous choisirons parmi tant d'excellentes choses, écar-

tant les considérations, assurément intéres-
santes, mais auxquelles nos lecteurs pré-
fèrent le récit et l'anecdote.

En face de la balle ennemie, la crainte
du danger est de beaucoup inférieure au
désir de faire triompher le drapeau français. Voici deux braves troupiers malades
assis derrière ma tente où ils essaient de se
ranimer au soleil. Ils causent et ne se dou-
tent pas que je les entends. — «Cela ne
va pas camarade, dit l'un d'eux. — C'est
vrai, répond l'autre écloppé. Tout de même
si le général Canrobert nous disait : « Mes
« enfants, *nous aurons demain un coup de*
« *chien;* il faut monter à l'assaut ! »eh bien,
nous trouverions le moyen de le suivre pour
montrer aux Russes ce que savent faire
même les malades français.—Tu as raison
camarade, réplique vivement le premier
interlocuteur. Quand on aura donné le si-
gnal de l'assaut, les popes russes ne diront

plus à leurs soldats que les Français ont les mains gelées. Nous jouerons *à la main chaude* ce jour-là; et chaque empreinte de nos doigts sera la preuve que nous avons le sang bouillant, malgré le froid de cette diable de Russie. »

* On signale l'arrivée d'un convoi de blessés. J'entre dans la salle où l'on vient de déposer ces malheureux. Le premier de la triste caravane est un zouave horriblement mutilé.

« Eh bien, mon pauvre zouave, vous avez été bien malheureux dans cette dernière affaire? — Malheureux, monsieur l'aumônier, mais non. Au contraire, j'ai eu *une chance étonnante*. J'étais dans la tranchée; une bombe arrive qui me brise la jambe. Je tombe par terre; la bombe éclate et me fracasse l'épaule. J'en suis quitte pour une jambe et un bras coupés, lorsque j'aurais dû mourir sur le coup. *Quelle chance!* »

Il faut avoir vu le calme, le sang-froid
et le courage imperturbable avec lesquels
nos hommes subissent les opérations les
plus terribles à la suite d'une blessure,
pour se faire une juste idée de leur courage.

UN COLONEL SAUVÉ.

.... Dernièrement, une action partielle avait été engagée sous les murs de la ville. On luttait corps à corps, et c'était dans la nuit. Tout à coup, le colonel tombe au pouvoir des Russes. — « Mes enfants, s'écrie-t-il, laisserez-vous votre colonel comme un trophée à l'ennemi? » — Il n'en faut pas davantage. On se précipite, on tue, on écrase, et le colonel est sauvé. L'affaire finie, on regagnait le camp, lorsqu'un soldat élève quelques doutes sur la délivrance du colonel. Cela suffit pour rendre des forces aux plus fatigués. Ces hommes, épuisés par un combat nocturne, veulent retourner sur leurs pas. Et certes, ils l'eussent fait; mais un d'eux les arrête. Il a vu le colonel retourner vers le camp; il l'affirme. Engager une nouvelle action serait donc inutile. —

« A la bonne heure ! s'écrient les autres tout d'une voix. Si le colonel est sauvé, tout est dit. Mais, tu l'entends, si tu nous as trompés, nous te brûlons la cervelle en arrivant. » — Voilà comment dans notre armée on tient à l'honneur.

LA MESSE DE MINUIT.

En présence des dispositions de nos soldats et de leur confiance en Dieu, on ne comprendrait pas que l'armée française ne fût pas une armée de héros. A l'hôpital de Péra, chaque dimanche la messe se dit à neuf heures, et le soir, vers six heures, il y a une instruction avant la bénédiction du Saint-Sacrement. Le clairon annonce ces deux exercices, et les volontaires s'y rendent selon leur fantaisie. Je ne vous dirai pas la satisfaction que j'ai éprouvée lorsque, du haut des marches de l'autel d'où je devais parler, j'ai vu la chapelle se remplir d'une foule de malades, parmi lesquels les officiers se trouvaient confondus avec les soldats. Les uns s'appuyaient sur le bras d'un ami charitable, les autres marchaient avec des béquilles. C'était bien touchant !

Aussi, avec quel bonheur j'ai épanché mon âme devant ces volontaires de la religion ! Comme ils m'écoutaient avec respect et comme nous faisions ensemble un de ces échanges de sentiments chrétiens qui ne se traduisent pas en paroles, mais que tous les cœurs bien nés savent comprendre !

On m'a raconté que la nuit de Noël avait été témoin d'une scène autrement émouvante. Un grand nombre de malades avaient demandé et obtenu de l'autorité la permission d'avoir une messe de minuit. Or, ces hommes n'avaient pas voulu seulement assister à la messe ; ils avaient désiré prendre une part plus intime au sacrifice en se préparant à la communion. — « Rien n'était beau, me disait un témoin oculaire, comme de voir, sur la fin de la messe, l'aumônier distribuer le pain eucharistique, d'abord à ceux qui avaient pu se traîner au pied de l'autel, ensuite aux amputés et autres blessés qui étaient retenus

sur leur banc, et que le Dieu des malades allait visiter lui-même. »

« Un jour qu'au milieu des tourbillons
d'une neige glaciale, j'aidais les infirmiers
de Kamiesch à descendre un malade de
dessus sa litière, le naïf troupier me regarde, et reconnaissant un prêtre :—« Tiens,
dit-il, les aumôniers sont donc bons à
tout ! »

LA PRÉVENTION.

Une autre fois je descendais de sa litière un jeune sergent transi de froid. Il avait à peine l'usage de ses membres, tellement enveloppé dans son capuchon qu'il ne voyait rien de ce qui se passait autour de lui. Il se laissait faire comme un homme mort. Je l'étendis sous la tente, je le frottai et le réchauffai de mon mieux. Enfin il sortit de sa torpeur, et de dessous sa couverture j'entendis partir cette exclamation : — « Oh! qui est-ce qui me soigne? C'est sans doute un prêtre. Dites-moi, êtes-vous prêtre? » — Et, sur ma réponse affirmative, il continua : — « Oh! qu'on est heureux de trouver un prêtre lorsqu'on souffre! Je m'en moquais lorsque j'étais bien portant;

mais aujourd'hui, sur la terre étrangère, dans ce moment d'angoisse, il me semble que j'ai retrouvé mon pays et les soins de ma famille en tombant entre les mains d'un prêtre ! »

LES FIÉVREUX.

De chez les blessés passons chez les fié-
vreux. Regardez cette belle figure pleine
d'énergie, hier encore si brillante de santé.
—« Vous êtes donc malade, mon pauvre enfant ? — Oui, monsieur l'aumônier, et bien
malade encore. Je voudrais recevoir les
derniers sacrements. — Mais vous n'êtes
pas encore condamné, mon enfant ; je vous
confesserai et je vous donnerai l'absolu-
tion de vos fautes, parce que c'est utile dans
tous les temps ; mais pour l'extrême-onc-
tion, nous avons le temps. — Oh ! monsieur
l'aumônier, ne cherchez pas à me rassurer.
Je n'ai pas peur. Nous autres, pauvres
gens, qu'est-ce que ça nous fait de mourir
aujourd'hui ou dans vingt ans ? Nous ne
tenons pas à la vie. Pourvu que nous ayons
la conscience tranquille et que nous soyons

sûrs du jugement de Dieu, nous n'avons rien à perdre et tout à gagner. Demandez plutôt aux camarades. Pourvu que nous ayons des prêtres pour nous absoudre dans le danger, le gouvernement peut nous dire de nous jeter dans la mer, il ne nous fera pas tort, et nous ne reculerons pas. »

Ces sentiments, je vous l'assure, sont ceux de tous nos braves paysans *élevés par des mères chrétiennes* et devenus soldats par la loi du sort. Lorsque j'entre dans une salle de malades, s'il y en a un seul qui, pendant la journée précédente, se soit livré à la tristesse, tous ses camarades me l'indiquent à la fois. — « M. l'aumônier, allez donc à celui-là. Il pense à son pays et il pleure. Relevez-lui le courage. Ce n'est pas comme cela qu'il faut être. Nous le lui avons bien dit; mais il ne nous écoute pas. Répétez-le-lui afin qu'il comprenne. » — Ainsi parlent ces hommes. Ce qu'ils disent, ils le font. Pour eux la mort n'est véritablement qu'un passage. Ce matin, je m'arrêtais auprès du lit d'un homme dont la maladie venait de se compliquer d'une rechute fort grave.— « Monsieur l'aumônier, me dit-il, faites-moi la charité de me donner un citron pour relever le goût de ma tisane. — Volontiers, je vous le ferai acheter. — Ah, merci! Eh bien! vous me l'apporterez demain matin quand vous repasserez... »— Et puis, se reprenant comme un homme qui a réfléchi, mais sans changer de voix et avec un naturel charmant : — « Ah! mais demain matin, je serai mort. Apportez-le-moi ce soir, je vous prie. — Mais non, vous ne serez pas mort demain matin, mon enfant. — Vous croyez, mon Père. Eh bien! soit alors. Le citron pour demain matin. A demain, M. l'aumônier. »

 ... Adieu! pendant que j'écris, le canon gronde et les échos lointains répètent avec fracas son langage terrible. Depuis huit jours le feu ne discontinue pas. On se mur-

mure à l'oreille : « Ne serait-ce pas l'annonce d'un assaut prochain ? » — Alors on se regarde en souriant, et chacun de dire : « Nous sommes prêts. Si la victoire ne peut s'obtenir sans le sacrifice de notre sang et de notre vie, nous verserons ce sang et nous donnerons cette vie ; mais la France sera victorieuse. » (A. de DAMAS, de la Compagnie de Jésus, aumônier de l'armée d'Orient.)

UN LIEUTENANT DE LA GARDE

IMPÉRIALE.

Un jeune lieutenant de la garde impériale écrit à sa famille :

« Dans la nuit du 4 au 5 mai 1855, j'ai échappé à une mort certaine d'une façon *toute miraculeuse.* Voici le fait :

« Dans les tranchées, les projectiles tombent comme la grêle ; mais ce qui est plus terrible, ce sont les bombes et les obus lancés en bombes. Il est donc important de signaler l'arrivée du projectile, et des hommes désignés veillent à cela et avertissent par ce cri :

Gare la bombe! Tout le monde alors lève
la tête, et on se préserve en se jetant à
droite et à gauche et en se couchant par terre.
A un de ces cris, malheureusement poussé
un peu tard, je lève la tête.... La bombe,
ou plutôt un obus lancé en bombe, tombait
presque sur notre parapet au-dessus de moi.
Le danger était imminent.... Sans beaucoup
réfléchir, je me précipite avec deux de mes
voltigeurs dans un trou qui se trouvait de
l'autre côté de la tranchée. A peine y étions-
nous, que retentit ce cri de : *Gare le lieutenant!* et la bombe avait roulé dans notre
trou.... A ce moment, un de mes pauvres
soldats, qui était *sur moi*, me serre en me
disant : *Mon lieutenant, nous sommes fumés.*
Ce fut son dernier mot. La bombe avait fini
de fuser.

« J'avais passé un moment suprême et
bien terrible. J'avais pensé à vous tous *et
même à Dieu....* J'avais répété la prière que
ma mère me recommande dans sa dernière

lettre. La bombe éclate, et, au même moment, se fait entendre le long gémissement
de l'autre homme dont la jambe était brisée
par un éclat de pierre.... Quant au pauvre
diable qui me tenait presque dans ses bras,
j'avais senti sa dernière étreinte : un énorme
éclat de bombe s'était logé dans son dos, en
lui brisant la colonne vertébrale et les
épaules; il est mort sans souffrir. Quant à
moi, grâce à un miracle et à mes énormes
bottes de Constantinople, je suis *sain et
sauf*. J'en ai été quitte pour le pied gauche
engourdi pendant quelques heures; car un
éclat de bombe dont j'avais ressenti la com-
motion avait enlevé une partie de la semelle.
On nous a cru tous morts, et quand la fumée
de la poudre a été dissipée, on m'a bien vivement félicité de mon heureuse chance
toute providentielle. Sur cent coups on ne
reverrait pas chose pareille.

« P. S. Je conserverai toute ma vie la

botte qui doit me rappeler la *bombe du 4 mai.* »

UN DIGNE MAGISTRAT.

Le vénérable M. X*** était, il y a une vingtaine d'années, maire de la ville de Lyon, où il comptait autant d'amis que d'administrés.

Un matin il voit entrer dans son bureau un ouvrier encore dans la force de l'âge, d'une figure honnête et qui l'abordant non sans embarras : « Je désirerais, Monsieur le maire, pouvoir vous parler en particulier. —Rien de plus facile, mon ami. » Lorsqu'ils furent seuls, l'ouvrier, avec un effort et la joue couverte d'une vive rougeur, dit au maire : « Mon magistrat, voici ce dont il s'agit. Je sors du bagne.... où m'avait conduit une faute de jeunesse que j'ai cruellement expiée ; ma bonne conduite là-bas et mon repentir, j'ose dire sincère, m'ont valu

ma libération anticipée; maintenant je ne
songe plus qu'à vivre honnêtement et gagner par mon travail le pain de ma famille,
car j'ai une femme et des enfants; mais, vous
le comprenez, mon magistrat, j'ai besoin
qu'on ait confiance en moi, et le moindre
soupçon sur mes antécédents me ferait fermer
toutes les portes; or, je suis encore soumis à
la surveillance. Vous êtes le père de vos administrés, m'a-t-on dit; je viens donc à vous
avec confiance et je remets mon sort, le sort
de ma femme et de mes enfants entre vos
mains. »

M. X*** parut réfléchir tout en considérant
l'ouvrier dont l'air de franchise l'avait tout
d'abord frappé. Satisfait de son examen, il
lui dit : « Ayez bon espoir, mon ami, si
comme tout me porte à le croire, vous m'a-
vez dit la vérité, vous pouvez compter sur
ma bienveillance. Nous saurons concilier les
exigences de la loi avec vos intérêts. Reve-
nez dans quelques jours. »

Or, le récit de l'ex-forçat était exact : l'honorable magistrat en eut bientôt la preuve, et alors voici ce qu'il fit pour ne pas compromettre cet homme et néanmoins satisfaire au vœu de la loi qui l'obligeait, lui, à s'assurer de sa présence dans la localité. Tous les huit jours, malgré son grand âge, quelque temps qu'il fit, et cela pendant plusieurs années, le maire se rendait au domicile de l'ancien forçat dans le faubourg de... Grâce à cette condescendance toute paternelle, l'ouvrier, heureux de persévérer dans le bien, put se livrer au travail sans être inquiété et élever honnêtement sa famille dont tous les membres bénissent encore aujourd'hui la mémoire du digne magistrat qui avait compris si admirablement l'esprit de la loi.

Cambrai. Imp. de Simon, rue St-Martin, 18.

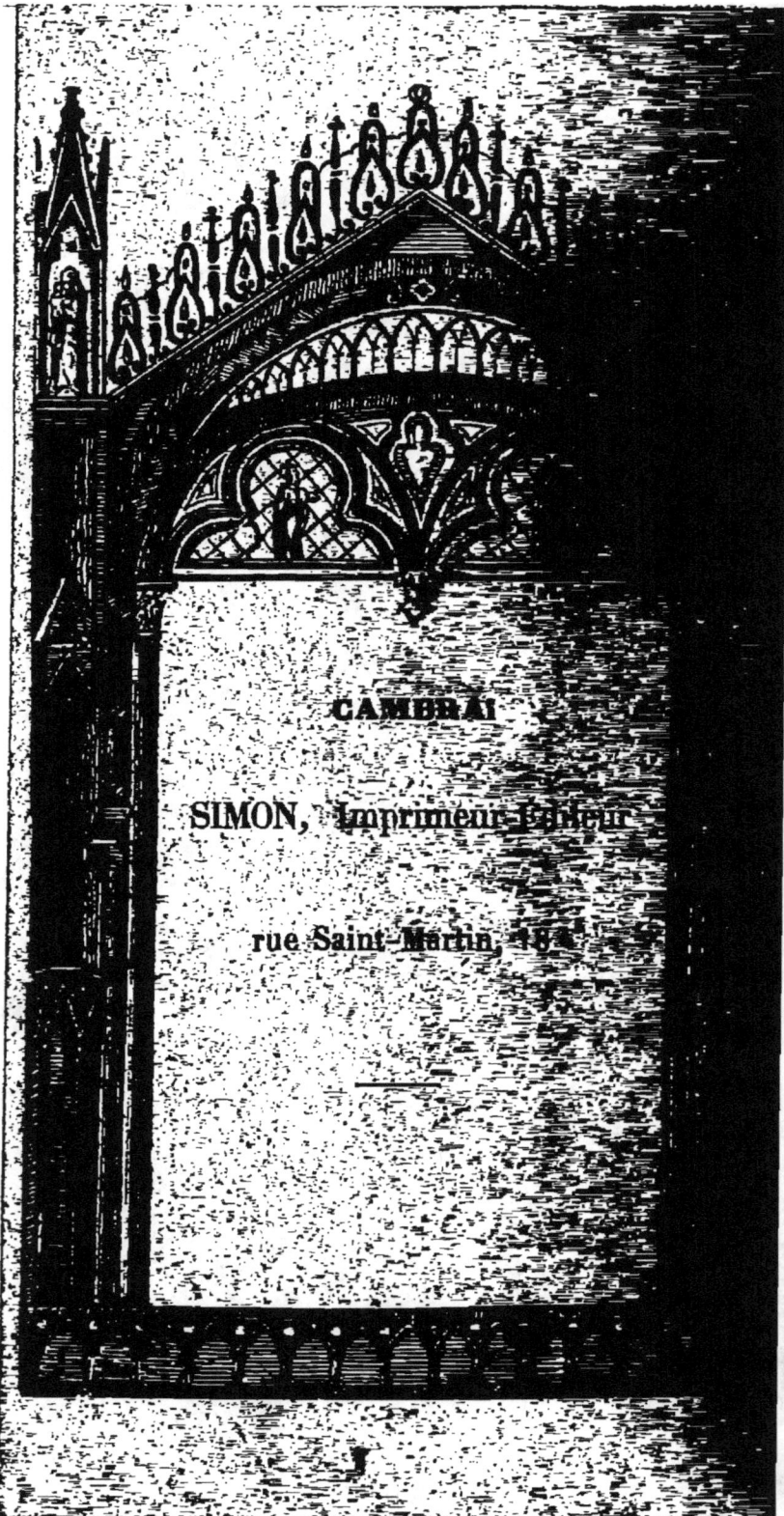

CAMBRAI

SIMON, Imprimeur-Éditeur

rue Saint-Martin, 18.

www.ingramcontent.com/pod-product-compliance
Lightning Source LLC
Chambersburg PA
CBHW060753280326
41934CB00010B/2466